Suki Ferguson ✳ Ana Novaes

INICIACIÓN AL TAROT

Adéntrate en el conocimiento
místico del tarot

ALFAGUARA

Papel certificado por el Forest Stewardship Council®

Penguin
Random House
Grupo Editorial

Título original: *Young Oracle Tarot*
Publicado por primera vez en 2022 por Wide Eyed Editions, un sello de The Quarto Group
Primera edición: noviembre de 2023

© 2022, Quarto Publishing plc.
© 2022, Suki Ferguson, por el texto
© 2022, Ana Luiza de Novaes, por las ilustraciones
© 2023, Penguin Random House Grupo Editorial, S. A. U.
Travessera de Gràcia, 47-49. 08021 Barcelona
© 2023, Jaime Valero, por la traducción

Printed in Spain – Impreso en España

ISBN: 978-84-19688-43-9
Depósito legal: B-16.161-2023

Compuesto en Punktokomo, S. L.
Impreso en Gómez Aparicio, S. L.
Casarrubuelos (Madrid)

AL 8 8 4 3 A

ÍNDICE

SÉ BIENVENIDO, LECTOR, AL MUNDO DEL TAROT

Un halo de misterio envuelve estas cartas tan extrañas como hermosas. ¿Cuáles son sus orígenes? ¿Son inofensivas o siniestras? ¿Y pueden revelar el futuro?

En algunas personas, las cartas suscitan temor y suspicacia. Sin embargo, a aquellos que se aproximen al tarot con curiosidad y una mentalidad abierta les aguarda una gran recompensa. Si practicas el tarot de corazón, ampliarás tu fuerza interior, expandirás tu conocimiento personal y conectarás mejor con los demás.

Vamos a embarcarnos en un viaje a través del tarot. A lo largo de las próximas páginas, analizaremos cómo ha evolucionado el tarot con el paso de los siglos, desde un juego medieval hasta una práctica sanadora moderna. Sirviéndonos de la baraja Rider-Waite-Smith, descubriremos el significado de cada palo y cada carta. Interpretaremos los símbolos y aprenderemos a leer las cartas para nosotros mismos o para los demás, y a extraer sabiduría de la baraja.

¿Estás preparado? Comencemos…

DEFINICIONES

Términos útiles de referencia:

Arcano

Misterioso o secreto, comprendido por pocos.

Arcanos mayores

Las veintidós «cartas especiales» de la baraja del tarot, que representan episodios relevantes de la vida.

Arcanos menores

Los cuatro palos del mazo del tarot, que representan experiencias y sentimientos más fugaces.

Consultante

La persona que busca una respuesta a partir de una lectura del tarot. Este término puede referirse a ti mismo durante una lectura o a la persona a la que le estés leyendo las cartas.

Esotérico

Similar al concepto de «arcano»: misterioso y poco conocido.

Iconografía

El uso de imágenes y símbolos para transmitir significados.

Inconsciente

La parte de nuestra mente que afecta a nuestros sentimientos y comportamientos sin que nos demos cuenta.

Intuición

La capacidad para entender algo por medio de las sensaciones, sin necesidad de razonamiento.

Ocultismo

Relativo a los poderes místicos o a los fenómenos sobrenaturales.

Oráculo

En la Antigüedad, los oráculos eran sacerdotes o sacerdotisas capaces de comunicarse con el mundo espiritual, interpretar símbolos místicos y guiar en sus decisiones a quienes buscan la verdad.

Tirada

En el tarot, una tirada se refiere a la disposición de las cartas durante una lectura.

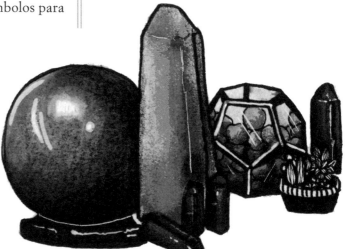

¿QUÉ ES EL TAROT?

El tarot es un amigo para todo aquel que conoce sus secretos. Descubre cómo una humilde baraja de cartas puede convertirse en tu guía, tu confidente y tu consejera.

Las cartas del tarot son una modalidad especial de naipes. Al contrario que una baraja convencional, no se utilizan para

ganar en un juego. En realidad, las cartas del tarot existen para ser interpretadas. Son una herramienta que puede ayudar a resolver problemas y tomar decisiones al reflejar pensamientos y sentimientos conscientes e inconscientes, como si de un espejo

se tratara. En esta parte del libro vamos a analizar cómo funciona el tarot, rastrearemos sus raíces a través del tiempo y descubriremos sus usos modernos.

¿CÓMO FUNCIONA EL TAROT?

Hay una forma muy sencilla de averiguar cómo funciona el tarot. Lo único que necesitas es una moneda.

Puede ser cualquier moneda. Cuando encuentres una, apóyala en tu mano y piensa en una pregunta que se conteste con sí o no. Puede ser cualquier cosa: «¿Quiero ver a mi amigo mañana?». Cara significa que sí y cruz significa que no. Concéntrate en la pregunta y lanza la moneda. El reverso que quede boca arriba te dará la respuesta.

¿Cómo te sientes? Tal vez estés decepcionado con la respuesta de la moneda. O quizá te alegres por el resultado. Sea como sea, la moneda ha respondido a tu pregunta.

Esa moneda no es más que un simple objeto. No sabe cómo funciona tu mente, ni qué deseos albergas en tu corazón.

Del mismo modo, lo que hagas a continuación dependerá de ti; en este caso, la moneda es una

indicación, no una orden. Pero el simple hecho de lanzarla ha tenido un efecto importante. Te ha mostrado cómo te sientes.

Al igual que la moneda, el tarot te ayuda porque hace aflorar tus verdaderos sentimientos.

Se trata de tu intuición: la suma de tus experiencias, sensaciones y sentimientos. La intuición es una guía poderosa. Puedes acceder a ella en cualquier momento y utilizarla para poner a prueba decisiones complejas. A veces, una línea de actuación parece interesante o correcta, pero ¿en el fondo te convence?

La intuición es la esencia del tarot. Es posible que te sorprenda descubrir que leer las cartas del tarot no sirve para predecir el futuro ni para decir la buenaventura. Pero

te ayudará a sacar a la luz tu instinto y tus sentimientos inconscientes.

Tú formulas preguntas a las cartas. Las cartas te muestran diversas posibilidades. Tu intuición te da una respuesta. Sin embargo, al contrario que una simple moneda, donde solo hay dos opciones posibles, una única carta del tarot contiene múltiples capas de significado. Cada carta ofrece símbolos, números, colores e imágenes que pueden ser analizados.

Desentrañar esas capas es un proceso en constante evolución: por un lado, está el significado común-mente aceptado de cada carta, y, por otro, está la interpretación personal que desarrolles, utilizando esa información y tus propias experiencias.

Tu manera de leer las cartas también evolucionará con el paso del tiempo. Incluso en el transcurso de unos pocos días, tus sentimientos hacia una carta en concreto pueden variar notablemente, a medida que cambien tus circunstancias.

Acudimos al tarot con preguntas. Pero la más importante es la que formulan las cartas: «¿Cómo te hace sentir esto?».

EL TAROT A TRAVÉS DEL TIEMPO

Aunque los registros históricos del tarot son dispersos, es posible identificar su rastro a través de los siglos. Su evolución resulta fascinante, pues pasó de ser un pasatiempo exclusivo de la aristocracia a convertirse en una herramienta para la autoexploración, apreciada por gente de todo el mundo. Y esta evolución continúa… ¡Solo cabe imaginar cómo se utilizará en el futuro!

Siglo XIV, norte de África y Turquía

Cartas con diseños intrincados que incluyen los siguientes palos: monedas, cálices, espadas y tacos de polo. Surgen en el Imperio islámico mameluco en el norte de África. Poco a poco, estas cartas llegan a Italia y al resto de Europa.

Siglo IX, China

Los registros muestran que para jugar se utilizaban unas cartas impresas con bloques de madera. Durante los siglos siguientes, se imprimirán cada vez más cartas que viajarán hacia Occidente a través de la India, Oriente Próximo y más allá.

1463, Italia

Un noble italiano contrata a un artista para crear veintidós cartas, que incluyen conceptos como El Loco y El Mundo. Estas cartas, conocidas como Visconti-Sforza, constituyen la primera baraja del tarot de la que se tiene constancia.

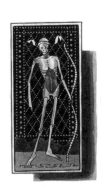

1785, Francia

El primer tarotista profesional, un ciudadano francés conocido como Etteilla, populariza el tarot como una herramienta para la cartomancia al redactar una guía con la que enseña a utilizar las cartas.

1650, Francia

En Francia se crea el Tarot de Marsella, que incluye ilustraciones vistosas que son reproducidas con facilidad empleando el grabado en madera. Esta baraja cobra popularidad entre los ocultistas.

Década de 1480, Europa

Los naipes que hoy conocemos como tréboles, diamantes, picas y corazones se crean en Francia para su uso masivo. Varias familias nobles italianas continúan encargando barajas del tarot a medida, decoradas con motivos dorados para utilizarlas como juego de salón, para inspirar poesías y con fines lúdicos y de autoconocimiento.

1781, Francia

Un ocultista llamado Antoine Court de Gébelin escribe acerca del tarot, asegurando que posee un origen místico en el antiguo Egipto. Esta teoría cala entre los círculos ocultistas de Francia e Inglaterra, lo cual aumenta la reputación misteriosa del tarot.

Siglo XIX, Inglaterra

La sociedad victoriana experimenta un furor por todo lo relativo a lo místico y lo sobrenatural. Las sesiones de espiritismo (reuniones en las que la gente intenta comunicarse con los espíritus de los muertos), los espectáculos de magia, la clarividencia y las lecturas del tarot son actividades populares.

Naciones enteras se ven sumidas en la violencia de las dos Guerras Mundiales. El tarot desaparece de la escena pública.

1910, Inglaterra

Se crea la baraja Rider-Waite-Smith, que se convierte en el nuevo mazo de referencia para el tarot.

Décadas de 1960-1970

El tarot recobra popularidad entre los movimientos contraculturales de Occidente que rechazan la avaricia y la violencia. En lugar del misticismo y la cartomancia, las cartas se utilizan en busca de directrices y de autodescubrimiento.

Con el paso de los siglos, el tarot se ha vuelto cada vez más accesible. Hasta hace poco no era fácil saber por dónde empezar. Descubrir el tarot dependía de tus conocidos, del lugar donde vivieses y de los círculos en los que te movieras. Ahora, gracias a las nuevas tecnologías, cualquiera puede adquirir una baraja por internet, donde también podrá aprender más sobre el significado de las cartas y las tiradas. Los tarotistas actuales pueden sacar provecho de la sabiduría y la creatividad de una comunidad global del tarot, de una manera que habría sido imposible en el pasado.

Décadas de 2010-2020

Las redes sociales facilitan el aprendizaje del tarot. Artistas de todo el mundo diseñan barajas que representan identidades queer, raciales e indígenas. El tarot llega a más gente que nunca y se practica como una forma de guía, reflexión y autocuidado.

Décadas de 1980-2000

Artistas occidentales diseñan barajas del tarot que reflejan la importancia del feminismo, así como la veneración a las diosas y la naturaleza. El tarot se populariza en Japón, donde diversos artistas diseñan versiones inspiradas en el manga y el anime, y también en la India, donde el tarot tiene mucho éxito entre los casamenteros.

La
Suma Sacerdotisa

Barajas para investigar

Echemos un vistazo a una pequeña selección de los cientos de mazos del tarot que están disponibles para el tarotista actual.

El tarot de la bruja moderna

Un mazo inclusivo que actualiza la baraja Rider-Waite-Smith para los tarotistas modernos.

El tarot de la naturaleza desconocida

Un mazo evocador que incluye animales salvajes con asociaciones míticas.

El tarot de la diosa

Un mazo que representa a mujeres sagradas de muchos credos procedentes de todo el mundo.

El neotarot

Un mazo vistoso y elegante que mezcla el diseño de la Rider-Waite-Smith con un enfoque más próximo a la corriente queer y la aceptación del propio cuerpo.

¡También puedes crear tus propias cartas! Llena un bloc con tus versiones ideales de los arcanos mayores. Crea un mazo que coincida con el mundo de tus sueños y úsalo. Deja que tus visiones moldeen tu manera de utilizar e interpretar el tarot. Tu creatividad te convertirá en parte de una tradición con siglos de antigüedad, consistente en reinventar estas cartas mágicas.

DESCUBRIENDO LOS MAZOS

En el pasado, habría resultado bastante difícil hacerse con unas cartas del tarot o conseguir que alguien te las leyera. Pero, en la actualidad, hay miles de mazos disponibles, así que los tarotistas pueden elegir cartas que celebren cada aspecto de la existencia.

Este libro toma como referencia la baraja Rider-Waite-Smith. Creada en 1910, la amplia disponibilidad de este mazo y su simbolismo la convierten en la opción ideal para los principiantes. También es la más reinterpretada, pues la mayoría de las barajas modernas la utilizan a modo de plantilla. Si eres capaz de interpretar con confianza el mazo Rider-Waite-Smith, podrás leer casi cualquier baraja moderna.

Sin embargo, al igual que todos los mazos del tarot antiguos, las cartas presentan una versión limitada y reducida de la experiencia humana. Por ejemplo, la baraja Rider-Waite-Smith solo representa a personas blancas, y los símbolos recurren mayoritariamente al cristianismo y el judaísmo o a la mitología clásica grecorromana. Los roles de género mostrados en cartas como El Emperador y Los Enamorados replican ideas obsoletas sobre el poder y el amor.

Los mazos modernos son mucho más inclusivos y representativos de la sociedad, y apelan a un abanico mucho más amplio de credos, culturas, mitos e ideales. Así pues, aunque conocer la baraja Rider-Waite-Smith es un buen punto de partida para familiarizarse con el tarot, no temas aventurarte más allá. ¡Busca un mazo con el que te identifiques!

Pamela Colman Smith

Las ilustraciones de la baraja Rider-Waite-Smith son reconocibles en todo el mundo y se han convertido en sinónimo del tarot, con imágenes como El Sol que ya forman parte de la cultura pop, desde el mundo del cine hasta el de la moda.

La artista que creó estas ilustraciones fue Pamela Colman Smith. Apodada «Pixie» por sus amigos, la describieron en una ocasión como «ahijada de una bruja y hermana de un hada». Nació en Inglaterra en 1878, de padres estadounidenses. Durante su adolescencia, Pixie residió en Jamaica y Nueva York. A los veintiún años se asentó en Londres, donde trabajó como dramaturga, narradora oral e ilustradora.

Amiga de destacadas sufragistas, Pixie diseñó de forma gratuita carteles en defensa del sufragio femenino y publicó relatos escritos por mujeres en una época en la que hacer algo así resultaba muy subversivo. También ilustró las setenta y ocho cartas de la baraja Rider-Waite-Smith de 1910, obteniendo un éxito que perduró en el tiempo.

A pesar de la popularidad de este mazo, los editores pagaron muy poco a Pixie por su trabajo. Y, con el tiempo, su estilo se pasó de moda. Mucho después de su muerte, en la década de 1970, una generación de enamorados del tarot redescubrió su obra, y en la actualidad se la ensalza como una ilustradora cuyo talento ayudó a acercar el tarot al mundo.

EL TAROT COMO HERRAMIENTA

Practicar el tarot es un arte y una habilidad. Si lo aprendes, podrás utilizarlo para cuidar de tu salud mental, ayudar a otras personas, desarrollar tu poder para establecer cambios y también para pasar un buen rato.

☾ El tarot y el juego

Antes que nada, ¡el tarot se inventó como un juego para practicarlo entre amigos! La belleza de las cartas nos emociona y nos permite susurrar nuestros secretos, deleitarnos con posibilidades nuevas y reírnos de los dramas de nuestra vida.

✳ El tarot y la toma de decisiones

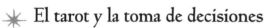

Si te sientes atascado o inseguro, una lectura de tres cartas (problema-causa-solución) te aclarará las ideas con rapidez (ver pág. 77). Incluso una lectura de una única carta arrojará luz sobre una situación que, de otro modo, resultaría desconcertante (ver pág. 76). El tarot te permite identificar el dilema y sopesar las opciones disponibles. La próxima vez que te sientas inseguro ante una decisión que debas tomar, el mazo podrá ayudarte a aprovechar tu intuición para resolverla.

El tarot y el bienestar mental

En ocasiones, la vida puede ser un fastidio. Cosas que antes resultaban divertidas ahora te aburren. La manera en que los amigos y familiares actúan a veces te molesta. Incluso nos decepcionamos con nosotros mismos. En momentos de crisis o tristeza, siempre podrás acudir al tarot, pase lo que pase. Solo necesitas las cartas. Trabajar con ellas te permitirá indagar en tus sentimientos y encontrar consuelo. Y, al ofrecerles lecturas atentas y confidenciales a tus amigos, podrás brindarles ese consuelo cuando ellos también estén pasando una mala racha.

El tarot y el activismo

En la actualidad, la humanidad afronta muchos problemas, incluyendo la codicia, la falta de preocupación por los demás y la necesidad de proteger el mundo natural. A veces, estos problemas globales también existen a pequeña escala en nuestra vida. Pero, antes de que podamos cambiar nada, tenemos que conectar con nuestro poder interior.

El tarot nos permite reconocer nuestros puntos fuertes y débiles, y nos ayuda a determinar cómo reaccionar ante los desafíos. ¿Nos enfurecemos, huimos o nos rendimos? Cuando nos entendemos a nosotros mismos, estamos mejor equipados para usar bien nuestro poder y afrontar los problemas de cara, con alegría y creatividad.

La próxima vez que te enfrentes a un asunto espinoso que requiera actuación, como modificar actitudes anticuadas o la forma que tenemos de aprovechar los recursos, prueba a consultar las cartas. Pregunta: «¿Qué puedo hacer en esta situación?», y el tarot te ayudará a encontrar un enfoque que se adapte a ti.

CONOCE LAS CARTAS

Familiarizarse con una baraja del tarot es un proceso emocionante. A través de las setenta y ocho cartas, encontramos símbolos, colores y estados de ánimo que se afanan por captar nuestra atención. En este apartado nos dedicaremos a conocer las cartas y sus significados.

¡Cuídalas bien! Guárdalas en una caja especial o envueltas en un trozo de seda. Si las tratas con cariño, te servirán durante mucho tiempo y estarán a tu lado en momentos de curiosidad, duda, desconcierto y expectación.

DENTRO DE LA BARAJA

Descubre las diferentes partes de un mazo del tarot estándar

Arcanos mayores

Las primeras veintidós cartas de un mazo del tarot son exclusivas de esta disciplina. Se conocen como arcanos mayores y van numerados del cero al veintiuno. Estas cartas tienen un aspecto misterioso y están cargadas de significado. Cada carta de los arcanos mayores representa un episodio transcendental en la vida, ¡aunque lo que te hagan sentir podrá cambiar tan a menudo como tus circunstancias!

Las cartas de los arcanos mayores nos muestran emociones y experiencias que pueden moldear nuestra vida: tristeza, esperanza, alegría, confusión, miedo, amor, etcétera.

También nos muestran figuras que encarnan arquetipos poderosos susceptibles de influirnos, como la madre (La Emperatriz), el padre (El Emperador) y el maestro (El Sumo Sacerdote).

LA EMPERATRIZ

EL EMPERADOR

EL SUMO SACERDOTE

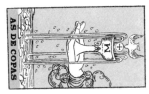

El término «arcanos menores» se refiere a las cartas de una baraja del tarot que no forman parte de los arcanos mayores. Hay cincuenta y seis cartas en los arcanos menores, divididas en cuatro palos, que representan un amplio abanico de experiencias y sentimientos.

Durante una lectura, las cartas de los arcanos menores pueden ser tan influyentes como las de los mayores, pero están sujetas a circunstancias más específicas, como el trabajo o el aprendizaje. Las cartas de los arcanos menores describen los estados de ánimo transitorios y los cambios menos importantes en nuestra vida.

✳ Los cuatro palos

Los arcanos menores se componen de cuatro palos, igual que en una baraja de naipes. Y, del mismo modo que en esos mazos, cada uno de los cuatro palos tiene un as, una reina y un rey. En el tarot, cada palo tiene un caballero y una cuarta figura que representa a un joven paje, a menudo definida como sota. En una lectura, las cartas de la sota, el caballero, la reina y el rey suelen representar a personas que forman parte de nuestra vida.

Cada uno de los cuatro palos del tarot representa un enfoque distinto. Las espadas (págs. 54-61) se refieren al pensamiento, el raciocinio y la toma de decisiones. El aire es el elemento de las espadas. Los oros (págs. 62-69), también conocidos como pentáculos, exploran la seguridad, la riqueza y el pragmatismo. Su elemento asociado es la tierra. Las copas (págs. 38-45) simbolizan la intuición, la emoción y la fluidez, y su elemento es el agua. El fuego pertenece al palo de los bastos (págs. 46-53), que hace referencia a los proyectos, la energía y el trabajo.

SÍMBOLOS Y SIGNIFICADOS

Las cartas del tarot están llenas de pistas visuales. Interpretar una carta del tarot se parece a desentrañar un puzle, donde cada mazo contiene sus propios símbolos que es preciso descodificar. Aquí vamos a revisar una selección de símbolos que aparecen en la baraja Rider-Waite-Smith. Cuando observas tus cartas, ¿qué otros símbolos puedes identificar?

Agua

El agua está en constante cambio: a veces inmóvil, a veces revuelta. Sustenta la vida y es indómita por naturaleza. El agua simboliza las emociones. Adopta muchas formas distintas en el tarot —lluvia, estanques, ríos y mares— y suele ir emparejada con las copas.

Aves

En el folclore global, las aves son consideradas mensajeras de los dioses. En el tarot simbolizan la divinidad, aunque los diferentes pájaros tienen sutiles diferencias en su significado. En La Estrella, un ibis —el pájaro de Thot, un dios del antiguo Egipto— simboliza renacimiento y perspicacia. En el as de copas, una paloma blanca, asociada con la paz, bendice la imagen. Y el palo de espadas incluye pájaros en pleno vuelo: un símbolo de libertad.

Mariposas

Las mariposas son criaturas del aire y en la baraja Rider-Waite-Smith aparecen en el palo de espadas. Simbolizan la transformación: pasar de oruga a crisálida y de ahí a mariposa. No son capaces de volar en todas las etapas de su vida, pero están destinadas a hacerlo.

✳ Viviendas

Ya sean humildes o majestuosas, las cabañas, aldeas y castillos de la baraja Rider-Waite-Smith representan el hogar y la comunidad; un destino para el viajero y un lugar para la amistad, la familia y la rutina vital. Una morada invita al consultante a preguntarse: «¿Qué significa para mí la comunidad en este momento?».

◖ Montañas

Las montañas simbolizan esfuerzo y aspiración, porque escalar una montaña implica desafío, riesgo y determinación. La presencia de montañas en una carta también puede indicar una llamada para dejar atrás las preocupaciones cotidianas y acercarse al lado más espiritual de la vida.

✳ Clima y momento del día

¿Ves mares tranquilos o nubes de tormenta? ¿La luz del alba o una penumbra creciente? El clima nos afecta: nos encogemos ante los fuertes vientos y sudamos bajo el sol. Las ilustraciones del tarot se sirven de este poder.

✷ Colores

La mayoría de los mazos del tarot utilizan colores para potenciar el significado de una carta. En la baraja Rider-Waite-Smith, los colores cálidos y radiantes aparecen en cartas asociadas con la satisfacción, el bienestar y la riqueza. Las cartas con tonos fríos transmiten mensajes más solemnes. Al final de una lectura, observa todos los colores: una tirada repleta de tonos amarillos y neutros indica un momento propicio. Una tirada llena de tonos más oscuros puede reflejar una situación más turbulenta.

☾ Lenguaje corporal

Si una carta representa a una o varias personas, averiguarás muchas cosas si te fijas en su lenguaje corporal. ¿Miran hacia el exterior y te sostienen la mirada? En ese caso, ¿parecen felices, amables o severas? ¿O están mirando para otro lado e incluso ocultan su rostro? Tal vez estén absortas en algo. Y quizá nosotros también deberíamos dirigir nuestra atención hacia esa dirección.

✳ Vestimenta

En el tarot, la manera de vestir de los personajes nunca es fortuita. Si llevan puesta una armadura, eso simboliza que se están preparando para una batalla; si están desnudos, evoca vulnerabilidad y receptividad ante lo que el mundo pueda ofrecer. Las túnicas holgadas sugieren bienestar y felicidad. Las prendas harapientas indican adversidad. Si detectas un patrón en la vestimenta, fíjate bien: es posible que contenga símbolos que enriquezcan tu interpretación.

☀ Escala, tamaño y detalle

En algunas cartas, el foco de atención es grande, obvio e inconfundible. En otras, la escena está poblada por multitud de personas o símbolos. ¿La imagen evoca intensidad o delicadeza e inconcreción? También es importante fijarse en la escala y el tamaño del contenido de una carta. ¿Cómo te hace sentir la sencillez o la complejidad de la imagen?

CARTAS INVERTIDAS

Cuando una carta está del revés, se denomina «invertida». En una lectura, eso significa que la energía de la carta está bloqueada o volteada de alguna manera.

Por ejemplo, si sacas El Sol y aparece invertido, podría significar que te sientes apático, cansado o inseguro. O puede que saques el diez de espadas del revés: esto sugiere que hay una cuestión importante que no has tenido en cuenta, y que tienes que analizarla y resolverla para seguir adelante.

Las cartas invertidas son un elemento útil para aportar una nueva capa de significado a tus lecturas. Para barajar el mazo de forma que aparezcan cartas invertidas, solo tienes que desplegar todas las cartas en un gran montón, boca abajo, y girarlas con las manos. Luego mézclalas y vuelve a formar un mazo ordenado. Cuando extraigas cartas para una lectura, algunas estarán invertidas.

No todos los tarotistas utilizan este recurso, aunque hay muchos que sí. Experimenta con ellas y comprueba cómo influyen en tus lecturas.

LOS ARCANOS MAYORES

Los arcanos mayores son una serie de veintidós cartas que se consideran los cimientos de la baraja del tarot. Cada carta representa episodios trascendentales en la vida de una persona. En una lectura, si sacas una carta de los arcanos mayores, dale un peso especial en tu interpretación. Y, si aparecen varios arcanos mayores durante la lectura, toma distancia y contempla tu vida como un conjunto. ¿Qué cambios significativos puede haber en marcha?

Extrae del mazo las cartas de los arcanos mayores y disponlas en orden, empezando por el cero (El Loco) y terminando con la carta número veintiuno (El Mundo). Distribúyelas en una fila y observa qué sensaciones te suscitan esas imágenes.

Las cartas de los arcanos mayores cuentan un relato: la historia del viaje del Loco. Este viaje se comprenderá mejor si repartimos las cartas en un círculo, empezando con el cero en lo alto y avanzando en el sentido de las agujas del reloj hasta llegar al número veintiuno. Si viajamos alrededor del círculo como El Loco, pasamos de aprender las reglas y buscar consejo y sabiduría a experimentar reveses, felicidad y, por último, llegar a un lugar donde nos sentimos acogidos.

Avanzamos por la vida en fases, y cada una de ellas tiene el poder para instruirnos y cambiarnos. Es posible observar la verdadera naturaleza de la vida cuando distribuimos los arcanos mayores en círculo. Si todo va bien, nos embarcaremos en el viaje del Loco muchas veces a lo largo de nuestra vida.

0. El Loco

EL LOCO

comienzos ☾ *inocencia*
✴ *confianza*

El Loco es un personaje despreocupado y vulnerable. Una persona joven que camina a través de un paraje, mirando al cielo. No va bien equipado para un viaje difícil, apenas lleva consigo unas pocas pertenencias, y lo acompaña un perrillo juguetón. Es posible que el próximo paso lo conduzca a caer por el precipicio. Llegado el caso, ¿se recuperará? Aun así, el sol brilla en lo alto y El Loco tiene fe en la senda por la que transita. Esta carta habla de sentir entusiasmo por la vida y embarcarse en un viaje impredecible. Estás emprendiendo algo nuevo, a pesar de los riesgos, por el simple hecho de pasarlo bien.

1. El Mago

EL MAGO

poder ✴ *habilidad*
☼ *presteza*

El Mago se encuentra ante una mesa donde hay una copa, una espada, un basto y un oro. Estos elementos representan los palos del tarot y todos sus poderes simbólicos: sentimiento, raciocinio, acción y pragmatismo. Tiene a su alcance todas las herramientas que necesita. Aun así, no se apresura a utilizarlas: actuará cuando llegue el momento adecuado. En una lectura, esta carta te invita a tomar nota de las cosas que se te dan bien, y no solo en el ámbito académico. El Mago te anima a poner en práctica tus habilidades. Desarróllalas y adquiere sabiduría a medida que las utilices para alcanzar tus metas. ¿Qué utensilios hay en tu mesa?

2. La Suma Sacerdotisa

LA SUMA SACERDOTISA

misterio ☾ *perspicacia*
✴ *intuición*

La Suma Sacerdotisa es un oráculo y una vidente que custodia el inframundo. Al igual que la luna, las mareas y las estaciones, simboliza el aspecto voluble de la naturaleza y de nosotros mismos. A veces brillamos, a veces nos apagamos. Representa el silencio, la quietud y el misterioso poder de nuestro inconsciente. En una lectura, esta carta sugiere que la paz y la tranquilidad te ayudarán a conectar con tu sabiduría interior. Si te sientas un rato, inspiras hondo y reflexionas sobre tus dilemas, ¿qué intuiciones emergen?

3. La Emperatriz

placer ✴ *alegría*
◉ *inspiración*

La Emperatriz está rodeada por una cosecha dorada, sentada en un trono que tiene inscrito el símbolo de Venus, la diosa griega del amor. Es afectuosa, experimenta la vida a través de sus sentidos, además de su mente. Si te cruzas con ella, lo más seguro es que te dé un cálido abrazo. Como ama su propia vida, es capaz de amar a los demás. Aporta una energía maternal a las lecturas. La Emperatriz nos recuerda que formamos parte del prodigio de la naturaleza, que estamos abiertos al amor y que somos más que suficientes: somos individuos plenos y proclives a la felicidad.

LA EMPERATRIZ

4. El Emperador

tradición ✳ *orden*
☾ *control*

El Emperador está sentado muy erguido en un trono con cabezas de carnero talladas, ataviado con una armadura cubierta por una toga real. Representa nuestra capacidad para llevar las riendas de nuestra vida y tomar el control. ¿Seremos capaces de resistir las tentaciones y hacer las cosas bien, aunque no sea fácil? ¿Podremos ser disciplinados y cumplir con lo que nos hemos propuesto? En una lectura, esta carta te invita a evocar una figura severa pero paternal. El Emperador nos recuerda que actuar conforme a las reglas puede proporcionarnos paz mental y cuantiosas recompensas.

5. El Sumo Sacerdote

enseñanza ✳ *aprendizaje*
☀ *cumplimiento*

También conocido como El Papa o El Hierofante, que significa «el que hace aparecer lo sagrado» en griego. Aquí, El Sumo Sacerdote se sienta en un trono similar a los de La Sacerdotisa y El Emperador. Como ellos, es poderoso, pero su poder no se basa tanto en el misterio ni en el control: él es un maestro que atrae seguidores deseosos de recurrir a su sabiduría. Dos de ellos se encuentran ante sus pies. Esta carta evoca la búsqueda del conocimiento a través de la escuela o los textos religiosos. También sugiere que la tradición es importante: el maestro habla para que el pupilo pueda aprender.

6. Los Enamorados

LOS ENAMORADOS

amor verdadero ☾ *igualdad*
✳ *unidad*

Los Enamorados están desnudos, bendecidos por un ángel y por el sol que está en lo alto. Esta baraja los muestra como un hombre y una mujer, pero a menudo los mazos modernos del tarot ofrecen interpretaciones que reconocen y celebran el amor queer. La presencia de Los Enamorados en una lectura puede aludir al amor romántico, así como referirse a encontrar la felicidad en otra persona o unirse con alguien a pesar de las diferencias. Para hallar armonía en una relación, cada persona debe valorar de verdad a la otra. El amor no es algo unilateral; esta carta nos recuerda que debemos valorar el amor que transita en ambas direcciones.

7. El Carro

EL CARRO

determinación ✳
persistencia ☀ *comienzo*

El auriga, ataviado para la batalla, se yergue con firmeza sobre el armazón de un carro tirado por dos esfinges: una negra y la otra blanca. Está preparado para afrontar lo que le tenga deparado el mundo, aunando fuerzas opuestas mientras conduce hacia el frente con gran confianza. El Carro te invita a usar la fuerza de voluntad para alcanzar tus metas. Es hora de reconocer tus puntos fuertes, dejar a un lado las dudas y aceptar que las cosas no serán fáciles. Después aprieta los dientes… ¡y ponte en marcha! Mantén el pulso firme para superar los obstáculos y no te desvíes de tu rumbo.

8. La Fuerza

LA FUERZA

9. El Ermitaño

EL ERMITAÑO

valentía ☾ *autoconocimiento*
✳ *influencia*

retiro ✳ *visión interior*
◉ *soledad*

Una figura se inclina sobre un león, le sujeta la cabeza con calma entre las manos. No es una cuestión de fuerza física, ni una batalla de voluntades. Esta carta celebra algo que tal vez no resulte obvio a primera vista: la fortaleza interior. Contempla tus miedos y vergüenzas más profundos y sé indulgente contigo mismo con respecto a ellos. En su papel pleno, La Fuerza consiste en tomar las riendas de nuestros miedos y deseos animales para después expresarlos sin vergüenza. Esta clase de fortaleza concede también a los demás la libertad para expresarse.

El Ermitaño se yergue en un paisaje helado, sosteniendo un farol para alumbrar su camino. Sin embargo, está quieto y tiene los ojos cerrados. Simboliza la sabiduría de adentrarse en uno mismo; nos invita a escoger la soledad para poder ver con claridad. Cuando te pasas el día rodeado de gente, siempre ocupado, resulta muy fácil olvidarse de las cosas que te importan a ti. Quizá El Ermitaño esté solo, pero no se siente así. De esta forma, difiere de otras cartas con una estética parecida, como el cinco de copas, donde la soledad es una fuente de malestar.

10. La Rueda de la Fortuna

suerte  *oportunidades*
✳ *destino*

Esta carta está repleta de símbolos intrigantes, pero su mensaje es simple: el azar puede transformar nuestra vida para mejor. El mundo nunca deja de cambiar, y todos experimentamos esos momentos inusuales en los que estamos en el lugar indicado y en el momento justo. No puedes planificar esos momentos, pero sí estar atento a ellos y preparado para cuando lleguen. Del mismo modo, a veces el destino actúa en nuestra contra, y lo que tenga que ser será. La Rueda de la Fortuna nos invita a respetar los poderes superiores que moldean nuestra vida y a estar abiertos a lo que haya de venir.

11. La Justicia

ecuanimidad ✳ *toma de decisiones* ⚫ *responsabilidad*

La Justicia empuña una espada, símbolo de la razón, y una balanza con la que sopesar elementos opuestos. Con su mirada penetrante y su imponente entorno, La Justicia habla de asumir responsabilidades. Esto puede significar considerar una decisión inminente o ser más justo con los demás. También puede ser un recordatorio para aceptar las consecuencias de nuestros actos. La Justicia pregunta: ¿estás ofreciendo tu mejor versión? ¿Estás tomando las decisiones adecuadas? En una lectura, esta carta indica que ser honrado y consciente de ti mismo te será de provecho.

12. El Colgado

rendición ✳ paciencia
☾ serenidad

EL COLGADO

El Colgado nos muestra a una persona de aspecto plácido, colgada boca abajo de una cruz. La figura ostenta un halo que sugiere iluminación. El Colgado hace referencia a dejar las cosas como están. A veces, es positivo hacer todo lo que esté en tu mano para cambiar una situación, pero otras veces es mejor dejar de resistirse y permitir que todo siga su curso. Aceptar una situación nueva e imperfecta, o renunciar a algo que te importa, puede resultar liberador. Al adoptar este enfoque paciente, es posible que empieces a ver las cosas bajo un prisma nuevo.

LA MUERTE

13. La Muerte

cambio ☀ finales
✳ aceptación

Un esqueleto a lomos de un corcel pálido, portando un estandarte de la victoria. Todos caen bajo los cascos del caballo. Cuando La Muerte aparece en una lectura, casi nunca lo hace en un sentido literal; nos recuerda que todo llega a su fin. Podría tratarse de una amistad, una historia de amor o un capítulo de tu vida. Esta carta ratifica el dolor que se siente cuando esto sucede. Las personas sobrellevamos mejor la pérdida cuando nos permitimos experimentarla y recordar que algo nuevo surgirá de ella. Fíjate en el sol, que se alza por el horizonte, trayendo un nuevo día.

14. La Templanza

LA TEMPLANZA

salud 🌙 equilibrio
✳ moderación

Un ángel vierte agua sin cesar entre dos cálices. Tiene un pie sumergido en un estanque, que simboliza las emociones, y el otro lo mantiene firme en el suelo, en referencia a las necesidades prácticas. La Templanza nos invita a buscar un equilibrio feliz en nuestra vida. Evoca un momento en el que sintieras un bienestar pleno; quizá tras haber dormido y comido a gusto, en una época en la que todo iba bien para ti y tus seres queridos. Aquí no existen los extremos: la Templanza consiste en valorar las cosas buenas que nos sustentan.

15. El Diablo

EL DIABLO

anhelo ✳ debilidad
☀ aislamiento

El Diablo está agazapado por encima de dos figuras –tal vez los Enamorados– encadenadas que se encuentran a su merced. En el tarot, El Diablo hace referencia al sentimiento de impotencia. Tal vez has estado sintiendo presión para encajar y has traicionado tus valores. Tal vez has estado persiguiendo metas a corto plazo y ahora te sientes vacío. O tal vez estás invirtiendo demasiada energía en cosas superficiales. Sea lo que sea lo que te preocupa, te hace sentir mal. Esta carta ha venido a decirte que lo que estás experimentando forma parte de la experiencia de ser humano. Reconocer que existe un problema te permitirá introducir cambios.

16. La Torre

17. La Estrella

destrucción ☾ conmoción
✳ cambio

esperanza ✳ consuelo
☉ renovación

La Torre muestra una fortaleza alcanzada por un rayo. Unas figuras coronadas caen de los muros del castillo. Aquí, esa torre simboliza la certeza: la tendencia que tenemos a suponer que las cosas serán siempre lo que parecen. El relámpago cae y sacude la torre, recordándonos que no hay nada seguro y que somos proyectos en desarrollo. Una afirmación como «Se me dan bien las ciencias, pero no soy gracioso» podría parecer cierta, pero quizá no siempre sea así. Una conmoción puede tumbar rápidamente los viejos prejuicios. Esta carta te anima a explorar nuevos aspectos de ti mismo y a revelar posibilidades inesperadas.

La figura de esta carta vierte agua en la tierra y en un lago. Las estrellas relucen en el firmamento y ella está satisfecha. Cuando te sientes triste, alicaído y agotado, la carta de La Estrella te reporta consuelo y te dice: «Estás bien». En una lectura, esta carta te invita a conectar con aquello que te inspire confianza. Si te encuentras hastiado y consumido, haz algo que te guste, eso ayudará a reavivar tu chispa. Piensa en ello como el agua, que discurre a través de la tierra, devolviéndole la vida y, de paso, también a ti.

18. La Luna

confusión  *imaginación*
✳ *autoengaño*

Llega la noche y el mundo se torna extraño. Un perro y un lobo aúllan a la luna. Una langosta sale de su hogar acuático. Esta carta evoca el lado caótico y sombrío de nuestra imaginación. A veces perdemos el sueño, preocupados por cosas que no pasarán nunca, o despertamos de pesadillas que parecen muy reales. Otras veces alimentamos nuestros temores al mantenerlos en secreto, o incluso al perseguir quimeras. La carta de La Luna nos recuerda que, aunque nuestras preocupaciones puedan ejercer una atracción irresistible, nos sentimos mejor cuando nos centramos en nuestras metas y sueños.

19. El Sol

confianza ✳ *felicidad*
◉ *éxito*

El sol brilla sobre una fila de girasoles y un caballo con un niño pequeño sobre su lomo. El pequeño irradia felicidad, abraza la vida sin reservas. Esta carta habla de sentir una confianza plena. Hay momentos en nuestra vida en los que todo va bien. Los miedos y la confusión desaparecen, y somos capaces de ser todo aquello a lo que aspiramos. En momentos así, brillamos. La carta del Sol te invita a deleitarte con tu vitalidad, a creer en tus capacidades y a confiar en las cosas buenas que te lleguen.

20. El Juicio

toma de decisiones ✶
perdón ☾ renacimiento

La llamada de un ángel despierta a la gente de un letargo similar a la muerte. Miran al cielo con asombro. Esta carta está impregnada de imaginería cristiana relativa al juicio final y la resurrección. En una lectura, El Juicio puede referirse a tomar una decisión importante. Cuando te sientes impelido a adoptar un rumbo concreto, ¡fíate de esa intuición! Tu determinación te ayudará a estar a la altura de las circunstancias. El Juicio también puede apuntar a enmendar las cosas. Si has herido los sentimientos de alguien, en lugar de justificar tus actos, haz las paces. Perdonar y rendir cuentas nos renueva y nos hace sentir libres.

21. El Mundo

plenitud ☼ satisfacción
✶ compartir

Una mujer baila en el aire, en comunión con el universo. El Mundo es una carta que representa la culminación. Te sientes radiante porque has encontrado tu sitio. Has superado muchas dificultades para llegar a este estado de plenitud y el viaje te ha ayudado a comprender que eres una persona afortunada. Esta carta te invita a disfrutar del presente, a atesorar momentos de armonía y compartir tus bendiciones. Disfruta de tus logros, haz un uso lúdico e inventivo de ellos, empléalos para ayudar a los demás. El mundo te necesita, y viceversa. Solo por estar aquí, haces del mundo un lugar mejor.

LAS COPAS

El palo de copas está dedicado a los sentimientos
y las intuiciones. Estas cartas nos ayudan a explorar
el alcance de nuestras emociones y a aprender
a manejarlas. Nos preguntan si estamos en sintonía
con nuestros sentimientos y los de los demás.
Las copas también reflejan nuestro lado espiritual:
esa parte de nosotros que percibe el prodigio
y el misterio de estar vivos.

Simbolismo

Las cartas de copas suelen incluir imágenes de agua. En el
tarot, el agua simboliza las emociones. Esto se debe a que el
agua es voluble, impredecible y revitalizadora, igual que ellas.
Las copas son recipientes diseñados para albergar esas
emociones acuáticas. Cuando una copa está del derecho,
sugiere que tus sentimientos están en una buena disposición.
Cuando aparece volcada, sugiere que se ha perdido un
sentimiento positivo. El agua desempeña un papel importante
en cualquiera de estas cartas: un río, como el del cinco
de copas, simboliza tristeza. Cuando el agua toca
a una persona en tu carta, como en la reina de copas, sugiere
estar en contacto con tus sentimientos.

Extraer las copas

Saca todas las cartas de copas de tu baraja y colócalas en fila,
desde el as hasta el rey. ¿Qué sentimientos te suscitan estas
cartas en particular? El palo de copas contiene muchos
momentos de alegría y también algunos de pérdida.

As de copas

AS DE COPAS

expresar emociones ☾
empatía ✳ *nuevo amor*

U na copa rebosante, bendecida por una paloma, que simboliza la paz. Es una carta que nos invita a entrar en contacto con nuestros sentimientos y a expresarnos, quizá de una forma creativa. Basada en los comienzos, la carta del as de copas puede significar que una semilla del amor está presente en tu vida. Tal vez florezca pronto un romance o una nueva amistad. El as de copas también nos recuerda que la verdadera intimidad –en el sentido de estar próximo a alguien– se desarrolla mejor cuando somos afectuosos, curiosos, y cuando confiamos en los demás.

Dos de copas

cooperación ✳
reconciliación ✺ *atracción*

D os personas frente a frente, cada una con una copa en la mano. Son una pareja bien avenida, ataviada con prendas elegantes y con una postura casi idéntica en ambos casos. El dos de copas nos muestra un compañerismo donde dos personas mantienen una conexión profunda. Puede que estén enamoradas o que estén colaborando en algo. Puede que sean amigas. En una lectura, podrían simbolizar una reconciliación después de una riña y encontrar una forma de ponerse de acuerdo. El dos de copas también te alienta a reconocer una atracción creciente. ¿Hay alguien a quien quieras acercarte?

Tres de copas

amistad  *diversión*

✴ *comunidad*

Tres mujeres alzan sus cálices para proponer un brindis. Una cosecha madura las rodea y, en muchos mazos, danzan juntas en círculo. El tres de copas celebra la alegría y los buenos tiempos. Nos recuerda que encontrar a nuestras almas gemelas –esos amigos que de verdad te «calan» hondo– no solo es agradable, ¡sino que es fundamental para la vida! En una lectura, esta carta puede ser una invitación para abrirse a personas que posean las mismas inquietudes que tú. Cuando encuentres a otros que estén en tu misma onda, asegúrate de cuidarlos como un tesoro.

Cuatro de copas

repliegue ✴ *aburrimiento*

◉ *desconexión*

Hay un joven sentado a los pies de un árbol, absorto en la meditación. No parece advertir la copa que le están ofreciendo. El cuatro de copas sugiere que has llegado a un punto en el que te sientes un poco atascado y que has empezado a buscar inspiración, pero aún no estás listo para recibirla. Esta carta reconoce que todos nos sentimos aburridos o abrumados de vez en cuando, y que no pasa nada por dejar escapar algunas oportunidades. No podemos estar siempre abiertos a todo lo que nos llega.

Cinco de copas

decepción ✴
soledad ☾ *esperanza*

La figura encorvada del cinco de copas está sola, envuelta en una capa negra, y mira fijamente tres copas derribadas. Esta carta describe el malestar por un fracaso o una pérdida difícil de superar. Quizá el malestar haya quedado atrás, pero aún te sientes solo y decepcionado. Sin embargo, alrededor, la imagen se vuelve más luminosa. Dos copas erguidas tras la figura simbolizan sentimientos alegres que esperan a que alguien los descubra. Aunque hay un río que separa a la figura de un pueblo lejano, puede cruzar un puente para alcanzarlo. Esta carta te recuerda que encontrarás compañía y consuelo cuando salgas en su busca.

Seis de copas

felicidad ☀ *mirar atrás*
✴ *inocencia*

El seis de copas representa a un niño que usa una copa para transportar flores y disfrutar de su aroma. Está jugando en un jardín, protegido del mundo. Esta carta nos invita a recordar experiencias gozosas, sobre todo tras haber pasado una mala racha. A veces, cuando estamos agobiados o inmersos en una disputa, olvidamos lo que se siente al ser dinámicos, curiosos, y al maravillarnos con la belleza del mundo. Los recuerdos felices nos devuelven la capacidad para disfrutar de la vida. El seis de copas sugiere que esos recuerdos pueden indicarnos el camino para volver a sentirnos bien.

Siete de copas

imaginación ☾ *fantasía*
✴ *distracción*

Una figura está cautivada con unas copas que danzan en el aire. Cada una de ellas parece prometer tesoros y visiones extrañas, desde joyas y castillos hasta fantasmas y dragones. Esta carta hace referencia a soñar despiertos: dejar volar nuestra mente es algo liberador y puede mostrarnos nuevos mundos. Al dejarnos guiar por la imaginación, podemos hacer que ocurra cualquier cosa… en nuestra cabeza. Pero llevar a la práctica esas cosas resulta difícil y no todas las ensoñaciones se harán realidad. Cuando aparezca esta carta, dedica un rato a separar tus metas de tus fantasías.

Ocho de copas

marcha ✴ *repliegue*
✸ *pasar página*

Una persona se aleja de unas filas de copas erguidas y se retira hacia un paisaje rocoso e iluminado por la luna, a solas. Su viaje parece deliberado: camina con un bastón, similar al del Ermitaño. Esta carta nos invita a alejarnos de la vertiente social del palo de copas para entregarnos a la introspección durante una temporada. Tal vez estés pensando en abandonar un grupo de amistades o alguna clase de equipo. No pasa nada por dejar el bullicio atrás y buscar espacio para descansar y reflexionar. Aprovecha ese tiempo a solas para comprender lo que te han enseñado tus experiencias.

Nueve de copas

IX

satisfacción ☾ *relajación*
✴ *hedonismo*

E l nueve de copas muestra a un hombre satisfecho, rodeado por sus copas. Viste con ropas lujosas y esboza una sonrisa. Puede que haya degustado un festín, ganado un premio o recibido una buena noticia. ¡O tal vez hayan pasado las tres cosas a la vez! En una lectura, esta carta te invita a disfrutar de tus éxitos. También contiene una advertencia: regodearse o jactarse podría herir a aquellos que estén atravesando un momento difícil. Aun así, el nueve de copas te anima a deleitarte con la felicidad cuando llegue. ¡Protégela y saboréala!

Diez de copas

X

deleite ✴ *compañerismo*
☀ *familia*

U n arcoíris radiante por encima de una familia y un terreno verde. Los niños juegan, disfrutando del momento, mientras los padres se abrazan y se deleitan con la escena que se despliega ante ellos. Esta es una de las cartas más radiantes del tarot y nos recuerda que valoremos los momentos dulces y los ratos felices en familia. Cuando las cosas van muy bien, nos damos cuenta de que nos sentimos plenos y en paz. Somos capaces de superar nuestras diferencias, perdonarnos por los errores del pasado y atesorar vínculos familiares cotidianos.

SOTA DE COPAS

Sota de copas

imaginación 🌑 *confianza*
✳ *aprendizaje*

En cada palo, la sota representa el aprendizaje. Y, en el palo de copas, se afana por comprender sus emociones. Hay mucho que entender: para empezar, ¿qué está haciendo ese pez metido en una copa? Aquí representa lo desconocido: oportunidades nuevas y sensaciones inéditas. La sota de copas responde con una curiosidad lúdica. En una lectura, esta carta puede referirse a una persona joven o a alguien con un carácter confiado. Quizá se trate de un amigo, un pariente, un admirador o alguien a quien admiras. La sota de copas te invita a canalizar su carácter abierto y a dar la bienvenida a nuevas experiencias.

Caballero de copas

sensibilidad ✳ *expresión*
personal ☀ *falta de confianza*

Cada caballero revela los extremos de su palo. En el caso de las copas, el caballero es un romántico que se deja guiar por su corazón. Está en sintonía con sus sentimientos, aunque su sensibilidad puede volverlo susceptible. Es atractivo e imaginativo, pero la vida real no tarda en decepcionarlo. En una fiesta, notará si te sientes incómodo y te ayudará a estar a gusto, pero jamás se le ocurriría recoger una vez terminada. En una lectura, esta carta puede representar a alguien que te gusta, o reflejar tus costumbres y recordarte que es bueno mantener un equilibrio entre la mente y el corazón.

CABALLERO DE COPAS

Reina de copas

inteligencia emocional ✴
creatividad ☾ *compasión*

REINA DE COPAS

Esta reina contemplativa se encuentra en calma, al lado de unas aguas agitadas. Entiende las emociones a un nivel casi psíquico y percibe un grado altísimo de dolor y alegría, tanto en sí misma como en los demás. Es creativa, le encantan todas las modalidades artísticas de expresión personal. Para ella, la naturaleza es sagrada, y alberga un sentimiento profundo hacia todos los seres vivos. Escucha a la gente y tiene un don para responder con cariño ante las muestras de ira y desesperación. En una lectura, puede referirse a alguien que forma parte de tu vida, o inspirarte a seguir su actitud de empatía.

Rey de copas

diplomacia ☀ *afecto*
✴ *cultura*

REY DE COPAS

El rey de copas es un individuo bondadoso que logra zanjar incluso las disputas más enconadas con su perspicacia e imparcialidad. Puedes acudir a este monarca en busca de un buen consejo. Mantiene amistad con personas de todos los bagajes y aprecia el arte en todas sus formas, buscando y encontrando significado en esos empeños creativos. Es abierto de mente, conoce bien sus emociones y no le avergüenza expresarlas. En una lectura, te servirá como modelo de conducta o para recordarte a alguna persona similar en tu vida.

LOS BASTOS

¡El palo de bastos se basa en la energía! Estas cartas nos ayudan a explorar nuestra creatividad y nuestras capacidades. ¿Qué despierta tu interés? ¿Qué actividades alimentan tu fuego interior? Los bastos representan trabajo, juego e inspiración, aportando vitalidad y concentración a la baraja del tarot.

Simbolismo

Las cartas de bastos están vinculadas con el fuego: las togas doradas del rey, el caballero y la sota de bastos representan la salamandra, la cual, según el mito, es capaz de caminar entre las llamas sin hacerse daño. En el tarot, el fuego representa energía. Al igual que el fuego, la energía nos sustenta, pero también puede extinguirse o desbocarse. A la hora de interpretar una carta de bastos, resulta útil considerar cada basto como un proyecto, una meta o una tarea: si la persona que sale en la carta sujeta un único basto, es posible que necesites un reto. Si sostiene diez, quizá estés desbordado.

Los bastos también representan crecimiento. Brotan hojas de ellos y desde la Antigüedad mantienen asociaciones simbólicas con la fertilidad. De todos los palos, los bastos son los que mayor referencia hacen a nuestra capacidad creativa. Todos podemos hacer las cosas a nuestra manera. Estas cartas te animan a seguir tu pasión y a ponerle corazón a todo lo que hagas.

Extraer los bastos

Saca todas las cartas de bastos de tu baraja y colócalas en fila, desde el as hasta el rey. ¿Qué sentimientos te suscitan estas cartas en particular? El palo de bastos contiene muchos momentos de acción y también de adversidad.

As de bastos

Dos de bastos

energía ☾ audacia
✴ presteza

autoconfianza ✴ poder
☉ propósito

Los bastos representan acción, así que sacar el as de bastos es como recibir una descarga de energía pura. Aquí puedes comprobar que el basto tiene vida, está plagado de hojas verdes. ¡Empúñalo como si fuera tuya la mano que aparece en la carta! Ábrete al crecimiento y a las increíbles posibilidades que ofrece la vida. Tal vez tengas motivos para dudar, pero esta carta es una baza excelente. «Ponte en marcha –te dice–, ahora es el momento de hacer que ocurran cosas». Es una carta que te invita a afrontar nuevos desafíos con confianza.

Una figura regia sostiene el mundo con una mano y con la otra un basto mientras contempla el mar. Ha llevado a cabo grandes logros: se trata de alguien que conoce su poder y lo que es capaz de hacer con él. Puede que incluso esté aburrido y busque nuevos desafíos con los que ponerse a prueba. En una lectura, el dos de bastos te invita a sentirte seguro de ti mismo. Lo has hecho bien: echa un vistazo a tu alrededor y disfruta de las vistas. También te alienta a usar la inventiva y abordar cualquier problema que haya surgido en tu vida. Deja que se convierta en la base de tus éxitos futuros.

Tres de bastos

visión *exploración* ✴ *liderazgo*

Una figura observa una porción de mar donde navegan unos barcos. Lleva una armadura bajo la túnica, está preparada para asumir riesgos. Los dos bastos situados detrás de la figura sugieren nuevas oportunidades que aún no han sido percibidas. El tres de bastos sugiere que hay que estar preparados en un sentido práctico, pero también tener visión. ¿Qué se aproxima? En una lectura, esta carta te anima a salir de tu zona de confort para buscar nuevas aventuras. El tres de bastos te recuerda que estar dispuesto a probar algo nuevo suele conllevar descubrimientos emocionantes.

Cuatro de bastos

celebración ✴ *comunidad* ● *disfrute*

Fuera de los confines de la ciudad amurallada tiene lugar una celebración. Puede ser una ceremonia o un festejo de temporada; el ambiente es alegre y distendido, y el lugar está decorado con guirnaldas de flores. Esta carta evoca fiestas, bodas y banquetes familiares. Ocasiones especiales en las que la gente se reúne por motivos alegres y forma una comunidad temporal, al margen de la rutina de la vida diaria. La libertad frente a la restricción es la temática de esta carta. Los momentos así son pasajeros, ¡por lo que el cuatro de bastos te anima a desinhibirte, divertirte y disfrutar del día!

Cinco de bastos

competición ✳ desacuerdo

☾ trabajo en equipo

Cinco figuras están enzarzadas en una disputa... ¿O se trata de un juego? El cinco de bastos hace referencia a la competitividad y al enfrentamiento con tus rivales. También puede representar una sensación de enojo y la necesidad de luchar para obtener el puesto que te corresponde dentro de un grupo. Quizá alguna iniciativa grupal no esté saliendo bien, nadie haga caso a los demás y emerjan disputas. Esta carta te anima a afrontar las desavenencias con buen ánimo. Las frustraciones son una parte natural del trabajo en equipo. La cuestión es: ¿qué puede surgir de la disputa? ¿Y qué papel vas a desempeñar tú en ello?

Seis de bastos

triunfo ☀ aclamación

✳ volar alto

El seis de bastos es una carta de victoria. La batalla ha terminado, la prueba ha sido superada. Una figura cabalga a lomos de un caballo durante un desfile de la victoria, coronada con los laureles que representaban la gloria en la Grecia y la Roma clásicas. Esta carta simboliza un gran éxito en tus propósitos, sobre todo el que sucede a un esfuerzo prolongado. En una lectura, sugiere que has superado las dificultades y que por fin tus talentos están siendo reconocidos y alabados. También te alerta frente a la arrogancia. Disfruta del reconocimiento, pero no dejes que se te suba a la cabeza.

Siete de bastos

Ocho de bastos

asertividad ✹ *resiliencia*
✹ *firmeza*

velocidad ✹ *movimiento*
✹ *conclusión*

En la vida, puede resultar sensato dejar correr ciertas cosas y aceptar una situación. En otros momentos, debemos ser proactivos para defender lo nuestro. En el siete de bastos, una figura se protege de los ataques. Esta carta te invita a defender tus convicciones y hacerlas valer. A veces, pedir las cosas por las buenas no te conduce a ninguna parte, pero, si te expresas con firmeza y confianza, lo conseguirás. Cuenta con que encontrarás adversidad; deja que tu adrenalina te dé energía. A veces, afrontar las dificultades de cara da fruto. Y, aunque no sea así, sabrás que lo has hecho lo mejor posible.

El ocho de bastos representa la aceleración hacia un desenlace. Te encuentras en medio de algo y la vida es ajetreada y emocionante, como un borrón que pasa a toda velocidad. Al igual que los bastos de la carta, los acontecimientos se han puesto en marcha y surcan el aire a toda velocidad hasta impactar en la tierra con un golpe seco. En una lectura, esta carta evoca el entusiasmo de sentirse inspirado, de estar lleno de energía y concentrado en culminar una tarea. Puede significar que estás en la «onda» adecuada de un proyecto o de una fase, y te anima a utilizar esa intensidad en tu provecho.

Nueve de bastos

defensa ☾
coraje ✴ *determinación*

Al hombre del nueve de bastos le ha pasado de todo. Está cubierto de vendas y mira hacia los bastos con recelo, al tiempo que se prepara para otro combate. Esta carta nos recuerda que las discusiones nos pasan factura. A menudo provocan que nos sintamos heridos y vulnerables. Sin embargo, podría haber cierta grandeza en el hecho de seguir adelante con la lucha. El nueve de bastos te invita a hacer balance de la situación y a seguir buscando una resolución, en caso de que esa batalla concreta sea importante para ti, aunque eso te provoque cierto malestar.

Diez de bastos

portar una carga ✴ *lucha*
☀ *agotamiento*

Una figura se afana por trasladar un puñado de bastos. Aunque hay un pueblo en el horizonte, donde podrá depositar su carga y recuperarse, las varas le entorpecen la vista. Esta carta te avisa de que el aspecto entusiasta del palo de bastos puede meterte en apuros: tal vez fuiste incapaz de decir que no a nuevas exigencias y entonces acabaste agotado. Casi no te quedan energías y nada se resuelve con soltura. Deja a un lado algunas responsabilidades y vuelve a conectar con aquello que te haga feliz.

Sota de bastos

entusiasmo *aprendizaje* ✦ *curiosidad*

SOTA DE BASTOS

Un joven contempla la vara que tiene en las manos. Está concentrado, listo para emprender un proyecto nuevo. Como se trata de una sota –a veces denominadas «cartas de los estudiantes»–, vemos la energía del palo de bastos representada de un modo humilde e inexperimentado. Esta carta te invita a embarcarte en un nuevo proyecto o aventura y a estar dispuesto a aprender sobre la marcha. La práctica hace al maestro. En una lectura, la sota de bastos te representará a ti o a algún conocido que aporta creatividad y entusiasmo a una situación.

Caballero de bastos

confianza ✦ *carisma* ☀ *arrogancia*

Aunque su caballo se encabrita, el caballero mantiene la confianza y el control. Disfruta de la oportunidad de demostrar su habilidad y valentía. El caballero de bastos reúne lo bueno y lo malo de este palo: es carismático, atlético y un héroe que recibe admiración allá donde va. También puede ser imprudente, temerario y propenso a herir los sentimientos de los demás. En una lectura, esta carta puede significar que ha llegado la hora de confiar en uno mismo y entrar en acción, o recordarnos que no debemos dejarnos intimidar por el carisma ajeno. Todos tenemos virtudes y defectos.

CABALLERO DE BASTOS

Reina de bastos

confianza ✳ *buena fortuna* ☾ *apoyo*

Rodeada de girasoles que representan la confianza, la reina de bastos es una líder nata. Relajada y fidedigna, irradia confianza en sí misma. Su felicidad es contagiosa, se ríe con ganas y arroja luz sobre cada situación. Es una persona activa y extrovertida, que se entrega plenamente a todo cuanto hace. El gato negro simboliza el dominio de su lado oscuro. Esta carta te anima a ser audaz en tus propósitos. Imagínate a la reina de bastos como una amiga que conoce tu potencial y te dice: «Todo saldrá bien».

REINA DE BASTOS

REY DE BASTOS

Rey de bastos

autoconfianza ☉ *destreza* ✳ *mentor*

El rey está sentado, erguido y alerta, mirando hacia un lado. La energía de los bastos lo prepara para utilizar sus dones. Ha pasado por todas las etapas de la creatividad: inspirarse, asumir riesgos, cometer errores, perfeccionar su arte. Ahora es capaz de crear sus mejores obras con mucha destreza. Nos recuerda que para destacar de verdad en algo hace falta determinación. Es un líder, su éxito inspira a los demás. En una lectura, el rey de bastos podría representar a un mentor, alguien capaz de ayudarte en tu viaje para llegar a dominar aquello que te gusta hacer.

LAS ESPADAS

En el tarot, las espadas representan el poder
del pensamiento y la comprensión. Te preguntan:
«¿Te has planteado las cosas de este modo?». Al igual que
nuestras mentes pueden resolver nuestros problemas
o provocar que nos sintamos atascados, las espadas
pueden atravesar la confusión o acorralarnos.
Como palo, las espadas nos ilustran sobre el dolor que
puede producir la verdad, así como la claridad.

Simbolismo

Presta mucha atención al cielo en una carta de espadas, ya que
este palo está emparejado con el elemento del aire. ¿Está soplando
el viento? Ese viento podría representar el carácter turbulento
y voluble de nuestros pensamientos. ¿Hay nubes? Los cielos
encapotados y nubosos indican la necesidad de buscar claridad.

Una espada que apunta hacia abajo simboliza la sensación de estar
inmovilizado por tus pensamientos de un modo doloroso. Si la
espada está puesta del derecho, sugiere presteza para aplicar
tu intelecto y tus conocimientos en una situación. Por su parte,
una espada tendida significa un periodo de reflexión. Sea cual sea
su posición, el palo de espadas nos anima a examinar la psicología
que subyace tras nuestros sentimientos.

Extraer las espadas

Saca todas las cartas de espadas de tu baraja y colócalas en fila,
desde el as hasta el rey. ¿Qué sentimientos te suscitan estas cartas
en particular? El palo de espadas quizá sea el más perturbador:
en él encontrarás desavenencias y desesperación. Aun así,
esos momentos aciagos tienen lecciones que enseñarnos
y entre ellos descubrirás momentos de iluminación.

As de espadas

Dos de espadas

AS DE ESPADAS

búsqueda de la verdad ☾
descubrimiento ✳ *percepción*

equilibrio ✳ *tensión*
◉ *bloqueo*

Una mano empuña una espada del derecho. El filo está coronado y engalanado, y las pequeñas gotas que lo rodean son un símbolo de divinidad que sugiere que la espada está bendecida desde las alturas. El as de espadas te invita a emprender la búsqueda de un nivel superior de entendimiento. A veces, olvidamos lo poderosas que pueden ser nuestras mentes. Esta carta te anima a partir en busca de la verdad y el conocimiento. Es el momento de empezar un nuevo proyecto que expanda tu intelecto. ¡Disfruta descubriendo cosas nuevas!

Una mujer con los ojos vendados sostiene dos aparatosas espadas. Está anocheciendo. Es una figura que muestra una gran calma y fortaleza, pero ¿en qué situación la deja eso? Toda su energía está dedicada a mantener las espadas en equilibrio, formando un elemento protector frente a su corazón. El agua que fluye por detrás de ella simboliza las emociones. Está tan concentrada en reprimir sus sentimientos, en mantenerse en guardia y no tomar partido, que se encuentra inmovilizada. En una lectura, esta carta sugiere que ha llegado el momento de permitirte ser vulnerable y tomar una decisión. De esa forma, te liberarás.

Tres de espadas

angustia ☾ *tristeza*
✴ *traición*

El cielo se nubla y llueve por detrás de un corazón atravesado por tres espadas. Esta es la carta más descorazonadora de todas y es posible que resulte doloroso mirarla. La angustia del tres de espadas puede tener sus raíces en una disputa o pérdida familiar, en un desencuentro con un amigo o en un sentimiento hacia alguien que no se ve correspondido. Tal vez te sientas traicionado, pues esperabas algo mejor que esto. En una lectura, esta carta dice que es hora de afrontar esos pensamientos dolorosos. Examínalos con calma y recuerda que algún día formarán parte del pasado.

Cuatro de espadas

descanso ✴ *reflexión*
☀ *recuperación*

Un caballero está sepultado en una capilla. La luz se filtra a través de una vidriera que representa a una mujer y un niño. El caballero se ha retirado del bullicio de la batalla y yace completamente inmóvil. A veces, alejarse del epicentro de la acción nos concede una perspectiva nueva sobre las cosas. Las figuras del cristal simbolizan la vida que nos espera cuando emerjamos de ese periodo de calma. Esta carta nos recuerda la importancia de tomarnos un respiro para que podamos sentirnos renovados.

Cinco de espadas

desacuerdo ✳
egoísmo ☾ *derrota*

Un cielo tormentoso se despliega sobre el resultado de una disputa dramática. El vencedor sostiene dos espadas del derecho y una que apunta hacia abajo. Puede que haya ganado la batalla, pero ¿qué ha perdido? Sus oponentes se alejan, encorvados y afligidos. También puede que tu necesidad de ganar esté afectando a tus amistades, o tal vez te sientas víctima de un competidor. ¿Eres un mal perdedor? O peor aún: ¿un mal ganador? Esta carta te invita a aparcar la animadversión y recordar lo que de verdad importa.

Seis de espadas

desánimo ☀ *superación*
✳ *sanación*

Como si buscaran refugio frente a una amenaza, un adulto y un niño se acurrucan en un pequeño bote. Un barquero los guía hacia un lugar seguro. Sin embargo, hay seis espadas, que simbolizan los miedos, clavadas en la barca. Una parte del pasado los acompaña, de momento. ¿Este trayecto los conducirá a una orilla más segura? No lo sabemos, pero las aguas serenas que asoman al fondo sugieren que la paz está a su alcance. ¿Estás listo para dejar atrás una situación problemática? El seis de espadas nos recuerda que es posible hallar esperanza al seguir avanzando.

Siete de espadas

sigilo ◗ *independencia*
✴ *artimaña*

Un joven se aleja de puntillas de un campamento con un puñado de espadas. Sonriendo, se gira para comprobar si alguien intenta detenerlo. Dos espadas se quedan atrás, no logra cargar con tantas. Puede que necesite alejarse del grupo cuyas siluetas asoman por el horizonte… ¿O les estará haciendo una jugarreta? Quizá se salga con la suya a corto plazo, pero ¿acabará pagando las consecuencias? En una lectura, el siete de espadas refleja tus propios actos o los de algún conocido. Esta carta suscita una pregunta: ¿ocultar nuestras intenciones es algo prudente o egoísta?

Ocho de espadas

dudas ✴ *impotencia*
✺ *sentirse atascado*

Una figura se yergue en una marisma, atada y con los ojos vendados. Nadie la ayuda. No obstante, las ataduras están sueltas y podría liberarse por sí sola con un poco de esfuerzo. En este caso, las espadas simbolizan las ansiedades que nos lastran: los miedos o los recuerdos tristes. La convicción de esa figura, acerca de que está indefensa y necesita que la rescaten, es lo que la mantiene atascada. Cuando se despoje de sus amarras, se dará cuenta de que la seguridad del hogar está cerca, sobre la colina que se yergue a su espalda. Esta carta te anima a dejar atrás las dudas y a confiar en ti mismo.

Nueve de espadas

tristeza ☾ desesperación
✳ pesimismo

El nueve de espadas muestra a una persona asolada por las pesadillas. Esta carta hace referencia a los miedos y las preocupaciones que nos quitan el sueño por las noches. Es un recordatorio de que experimentar una noche aciaga es algo universal y te dice: «No estás solo». Todos vivimos momentos así, y, a veces, solamente nos hace falta llorar un poco. Cuando se haga de día, nos sentiremos mejor y las cosas parecerán más radiantes. En una lectura, esta carta te invita a ser indulgente contigo mismo y con los demás cuando estén atravesando una mala racha.

Diez de espadas

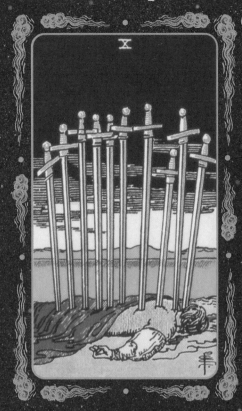

desgaste ✳ drama
◉ reacción desmesurada

A primera vista, esta carta parece anunciar malas noticias. Bajo un nubarrón negro, un hombre yace con diez espadas clavadas. Pero, si nos fijamos mejor, veremos que el sol se alza sobre unas aguas tranquilas. Y el número de espadas parece excesivo. El diez de espadas muestra cómo el cansancio y la aflicción pueden conducirnos a una espiral que desemboca en un lugar aciago. También da a entender que a veces nos regodeamos con el drama de sentirnos agraviados. «¡El mundo es horrible! ¡Mi vida es un desastre!». Si sacas esta carta, recuerda que a menudo las cosas no son tan graves como parecen. ¡Todo irá bien!

Sota de espadas

presteza  *curiosidad*

✳ *ignorancia*

Este joven paje posa con una espada mientras unas nubes se deslizan por el cielo. Las sotas representan al estudiante que llevamos dentro, el cual está preparado para adquirir conocimiento y llegar al fondo de las cosas. Se avecina una cruzada, pero esto solo es el primer paso: esta sota aún no ha experimentado la batalla y la nube que flota sobre su cabeza sugiere que debe abordar la cuestión de su propia ignorancia. La experiencia la disipará. Esta carta te invita a adoptar una mentalidad humilde de principiante para estar a la altura de nuevos desafíos.

SOTA DE ESPADAS

Caballero de espadas

impaciencia ✳ *conflicto*

◉ *entusiasmo*

Un caballero azuza a su caballo hacia la batalla, con la espada en alto. Este caballero confía en utilizar su intelecto para ganar discusiones. Cuenta con una certeza y un propósito. Su ímpetu resulta inspirador. Aun así, quizá quiera discutir simplemente porque le gusta pelear. Si se utiliza sin precaución, su espada puede cortar vínculos muy preciados. Y tal vez sus oponentes adopten su punto de vista solo porque no les queda más remedio, ¡o para conseguir que se calle! En una lectura, su presencia suscita esta pregunta: ¿la confrontación resuelve un problema o lo empeora?

CABALLERO DE ESPADAS

Reina de espadas

sabiduría ✳ *conocimiento*
☾ *clarividencia*

REINA DE ESPADAS

La reina de espadas tiene una expresión solemne. Posee la clase de autoridad y sabiduría que proviene de la experiencia. Ha afrontado dificultades y las ha superado, transformándose durante el proceso. Las mariposas que hay en su trono simbolizan esa transformación. Sostiene su espada del derecho, símbolo de justicia, y su cabeza está situada por encima de las nubes. Aun así, tiene una mano extendida con un gesto receptivo. En una lectura, puede hacer referencia a tu propia transformación, o a alguien en quien confías para que te ayude con tus problemas sin restarles jamás importancia.

REY DE ESPADAS

Rey de espadas

intelecto ✺ *aprendizaje*
✳ *acción*

El rey de espadas muestra un aura solemne. Al igual que la reina, unas mariposas decoran su trono y unos pájaros vuelan junto a él. Mantiene la cabeza fría y se deleita con el aprendizaje y la lógica. Su pose frontal refleja su presteza para afrontar las cosas. Tiene destreza para ganar discusiones, valora mucho los hechos y se siente seguro a la hora de discernir el bien del mal. Quizá el afecto no sea su mayor virtud, pero nos recuerda que el conocimiento es poder.

LOS OROS

Los oros –también conocidos como pentáculos–
son las cartas pragmáticas. Suelen representarse
con forma de monedas y simbolizan el dinero. Este
es el palo con el que reflexionamos sobre los recursos
y la seguridad. Estas cartas celebran el placer
de seguir adelante con nuestras metas
y la satisfacción que reporta conseguirlas.

Simbolismo

El palo de oros está asociado con el elemento de la tierra.
Es en ella donde cultivamos alimentos, edificamos hogares
y disfrutamos de la vida. Sin este palo, ¡el tarot no resultaría
nada práctico! Necesitamos la naturaleza terrenal de los oros.
Una lectura que esté repleta de cartas de este palo explorará
las recompensas del esfuerzo paciente y constante.

El símbolo de las raíces es importante en estas cartas:
evocan la sensación de sentirse como en casa y estar satisfechos.
Piensa en las metáforas terrenales: mancharse las manos,
mantener los pies en la tierra y echar raíces. En muchos
mazos, la estrella que aparece en las monedas se conoce
como pentagrama. Apunta hacia abajo, refiriéndose
de nuevo a la necesidad de enraizar en la tierra.

Extraer los oros

Saca todas las cartas de oros de tu baraja y colócalas en fila,
desde el as hasta el rey. ¿Qué sentimientos te suscitan
estas cartas en particular? Este palo contiene imágenes
de abundancia, pero también de pobreza.

As de oros

Dos de oros

estabilidad ☾ *protección* ✶ *apoyo*

concentración ✶ *interés* ☀ *equilibrio*

El as de oros sugiere la proximidad de una época prometedora, repleta de bienestar y seguridad. Si aparece durante una lectura, ¡es posible que te concedan más horas en ese trabajo a tiempo parcial! Al aglutinar todo el poder del palo de oros, este as dorado ratifica que eres una persona digna de confianza, comprometida con hacer un buen trabajo y capaz de prosperar a medida que avanzas hacia tus metas. Hay un elemento de contraste en esta carta: si sigues el sendero a través del arco vegetal, llegarás a las montañas. Un recordatorio de que apuntar alto requiere esfuerzo.

Una figura danzarina hace malabares con dos oros mientras unos barcos navegan por detrás. Al estar absorto, el malabarista no se distrae con el mundo exterior. Sus oros se desplazan formando un bucle infinito, que sugiere un flujo constante de energía, un equilibrio saludable. Cuando saques el dos de oros en una lectura, dedica un rato a pensar en tus objetivos: ¿cómo estás utilizando tu energía? ¿Estás demasiado ocupado o aburrido? Quizá sea el momento de buscar actividades que te reporten la satisfacción y la concentración que representa esta carta.

Tres de oros

trabajo en equipo ☾
planificación ✴ *logros*

Algunas tareas pueden llevarse a cabo en solitario. Otras requieren más tiempo, destreza y dedicación. Es decir, necesitan más gente. Esta es una carta que ensalza el valor del trabajo en equipo. Tres figuras colaboran entre sí, sus voces y habilidades resultan igual de valiosas, y la presión es compartida entre todos. En una lectura, esta carta podría ser una señal de que ha llegado el momento de pedir ayuda y colaborar. Quizá tengas un proyecto grupal entre manos o una tarea demasiado grande como para afrontarla tú solo.

Cuatro de oros

acumulación ✴ *acaparamiento*
☀ *inseguridad*

Un hombre aferra una moneda sobre su pecho. Está coronado con un pentáculo y sujeta otros dos en el suelo con los pies. Parece concentrado en aferrarse a sus posesiones. Esta carta muestra cómo la ansiedad puede dominarnos y alimentar nuestras tendencias materialistas. El hecho de «poseer» algo no significa que seas feliz. Observa cómo este hombre está inmovilizado por su necesidad de retener sus pertenencias. Esta carta te aconseja que valores lo que tienes, pero sin permitir que eso te defina. Úsalo y compártelo con los demás, pues la generosidad te abrirá las puertas de la vida.

Cinco de oros

necesidad ✶ *preocupación*
☾ *decepción*

Dos figuras desdichadas caminan a duras penas entre la nieve, en una noche oscura. Una de ellas usa muletas y lleva vendajes. Necesitan descanso, calor y cuidados. Pasan junto a una iglesia iluminada, pero no hay ninguna puerta. ¿Los habrán rechazado? ¿O están tan acostumbradas a sobrevivir por su cuenta que no piden ayuda? Aunque tienen muchas carencias, han debido aprender a sobrevivir con muy poco. En una lectura, esta carta podría reflejar tu situación o la de alguien de tu entorno. Puede actuar como incentivo para que pidas ayuda o para que salgas en busca de aquellos que estén experimentando penurias.

Seis de oros

poder ✹ *riqueza*
✶ *dependencia*

Un mercader adinerado le da unas monedas a un mendigo mientras otro aguarda esperanzado. Los dos están postrados ante él. El mercader sostiene una balanza en una mano; está valorando cuánto dar y a quién. Cuando nos falta dinero, dependemos de lo que decidan darnos los demás, lo cual puede traer aparejadas ciertas cosas: «Haz esto, haz lo otro, no seas desagradecido». Es posible que algún día acabes replicando esa actitud, ¡cuando tus bolsillos rebosen de dinero! El seis de oros te recuerda que, cuando esté en tu mano hacerlo, compartas con los demás sin esperar nada a cambio.

Siete de oros

éxito ☽ *acopio*
✴ *consecución*

En esta carta, cada moneda simboliza una tarea. Un joven las contempla antes de emprender la última tarea que tiene a sus pies: está dedicando un rato a disfrutar de la satisfacción que sucede al trabajo duro. El siete de oros describe lo bien que sienta mirar atrás y contemplar el trabajo realizado. Esta carta nos recuerda que celebremos nuestros logros. La próxima vez que te enfrentes a una larga lista de tareas, ¡cárgate de energía al pensar en la satisfacción que experimentarás cuando las hayas cumplido todas!

Ocho de oros

destreza ✴ *concentración*
✴ *determinación*

Un joven está afanado en su labor. Toda su energía está concentrada en culminar esta tarea y en hacerla bien. Los oros del poste representan todo lo que ha conseguido hasta ahora. El ocho de oros es muy parecido al siete, salvo que aquí vemos a un personaje a pleno rendimiento. Esta carta hace referencia a invertir esfuerzos en un gran proyecto hasta que esté completado o a repetir un proceso hasta que lo domines. Cuando saques esta carta, piensa en cualquier proyecto, tarea o destreza que tengas entre manos y recuerda que la perfección se obtiene por medio de la práctica y la concentración.

Nueve de oros

IX

bienestar ☽ *satisfacción*
✴ *plenitud*

Una mujer camina con gracilidad por un jardín exuberante, repleto de monedas y frutos maduros. Su vida es plena y tiene todo lo que necesita. Hay un halcón posado sobre su mano, señal del dominio que posee sobre su vida. Detrás de ella hay una casa, pero la mujer se siente a gusto donde está. Al igual que el caracol situado junto a sus pies, es autosuficiente. Ha conseguido muchas cosas y ahora es capaz de disfrutar de la prosperidad y la independencia que esto le concede. En una lectura, esta carta te invita a disfrutar de tus logros. Date el gusto y disfruta con las recompensas de tu esfuerzo: ¡te lo mereces!

Diez de oros

X

comunidad ✴ *cotidianidad*
◉ *intercambio*

Dentro de un mercado bullicioso encontramos a dos vendedores, un anciano, un niño y dos perros callejeros. El diez de oros celebra el intercambio de bienes, dinero y sabiduría. En algunas interpretaciones, las personas que vemos están conectadas por vínculos familiares; en otras, la conexión es por vínculos comunitarios. Esta carta nos muestra la vida cotidiana cuando las cosas van bien, donde el trajín de vivir en sociedad es algo que se da por sentado. En una lectura, puedes pensar en la rutina diaria de tu comunidad y en las tradiciones que se heredan, para luego elegir cumplirlas… ¡o ignorarlas!

Sota de oros

diligencia  *humildad*
✴ *pragmatismo*

Como en el caso de todas las cartas de sotas, este joven es un estudiante que anhela una mejor comprensión de su palo. En el caso de la sota de oros, esto implica aprender habilidades útiles y desarrollar una actitud positiva hacia el trabajo. La figura observa la moneda con curiosidad, concentración y presteza. Sabe que tendrá que hacer gala de esfuerzo y paciencia para tener éxito. La próxima vez que te dispongas a llevar a cabo un encargo que no te entusiasme, deja que esta sota te sirva de inspiración.

SOTA DE OROS

Caballero de oros

predictibilidad ✴
constancia ☀ *fiabilidad*

De todos los caballeros, el de oros es el menos ostentoso. Monta guardia con una serenidad que se extiende a su caballo y al territorio que otea. Más guardián que guerrero, es alguien en quien se puede confiar. Lo es hasta tal punto que quizá resulte un poco anodino. Pero a él no le preocupa si su carácter o sus ademanes te aburren, lo que le importa es hacer las cosas bien. En una lectura, este caballero representará a una persona de tu entorno, o quizá esté conectado con tu enfoque a la hora de abordar una tarea. Para ganar una batalla, lo primero es comparecer… y el resto depende de persistir en la lucha.

CABALLERO DE OROS

Reina de oros

resolución ✴ *sensatez*
☾ *afecto*

La reina de oros está sentada en un valle bañado por el sol. Plantas y frutos crecen alrededor de su trono, creando un refugio repleto de la gentil opulencia del otoño. El conejo que juega en las proximidades simboliza la energía de una nueva vida. Esta reina sabe cómo cultivar posibilidades: es capaz de hacer que crezca cualquier planta y que florezcan los brotes. Al formar parte de los oros, tiene un carácter pragmático. Es constante, perspicaz, y se toma las cosas con filosofía. En una lectura, nos recuerda que nuestras habilidades pueden ser una fuente de enorme satisfacción.

REINA DE OROS

REY DE OROS

Rey de oros

actividad ☀ *aptitud*
✴ *prosperidad*

La túnica del rey de oros está decorada con frutas y hojas doradas, que replican el color del cielo y de las plantas que rodean su trono. Prácticamente se funde con el paisaje. Y si encaja tan bien es porque este rey no tiene reparos en ensuciarse las manos. Es una persona habilidosa, que disfruta aprendiendo mediante la práctica. Su presencia en una lectura suele relacionarse con los negocios y con ganar dinero. Cuando se trata de tener éxito, el rey te aconseja que utilices tus habilidades innatas.

LA LECTURA DEL TAROT

Existen muchas maneras de llevar a la práctica tu creciente conocimiento sobre tu baraja. En estas páginas explicaremos cómo barajar el mazo, cómo hacer lecturas (para ti mismo o para los demás), y te mostraremos ejemplos de diferentes tiradas que puedes probar.

CÓMO LEER EL TAROT

Hay muchas formas de leer el tarot. Lo podrás utilizar como una herramienta para la introspección, como una guía ante los dilemas y la toma de decisiones. También es útil para ayudar a otras personas con ese mismo objetivo.

Tanto si la lectura es para ti mismo como para otro consultante, aquí tienes algunos pasos y directrices que podrás seguir:

1. Elige un lugar tranquilo y cómodo donde haya pocas posibilidades de que te interrumpan.

2. Asegúrate de que el consultante baraje el mazo antes de cada lectura.

3. Despliega las cartas en fila, boca abajo. A continuación, saca al azar el número de cartas que necesites, una por una, manteniéndolas boca abajo hasta que estés listo para empezar. Si la lectura es para otro consultante, pídele que saque las cartas.

4. No te apresures. Gira las cartas de una en una. Deja tiempo para que el consultante o tú reaccionéis ante cada carta y ante las emociones que os produzca, antes de pasar a la siguiente carta de la tirada.

5. Si se trata de una lectura de tres o más cartas, dedica un rato a reflexionar sobre el conjunto que tienes delante, cuando todas las cartas estén boca arriba. ¿Predominan los colores claros o los oscuros? ¿Hay varias cartas del mismo palo o una mezcla? ¿Qué te evocan a rasgos generales? Si la lectura es para un consultante, pregúntale por sus percepciones y comparte con él tus propias ideas al respecto.

CONSEJOS PARA UNA LECTURA INDIVIDUAL

Aparca las expectativas

Acude a las cartas con curiosidad. Leer el tarot inmediatamente después de que se haya producido algo, como una discusión o una ruptura, no te reportará demasiada sabiduría. Espera hasta que te tranquilices y seas capaz de asimilar lo que te muestren las cartas.

Diseña un ritual

Muchos practicantes del tarot siguen una rutina sencilla que les ayuda a prepararse para una lectura. Encender un poco de incienso, meditar, prepararse una infusión relajante o poner música de fondo son formas útiles de adoptar un estado mental más reflexivo.

Date tiempo

Cuando hayas preguntado a las cartas por una situación concreta, date tiempo para desentrañar el significado de la lectura. Establece una forma de proceder según lo que hayas aprendido y actúa en consecuencia. Siempre puedes volver a examinar tu dilema, pero primero comprueba qué cambia. Deja pasar al menos una semana antes de repetir una lectura, para que puedan emerger nuevas intuiciones.

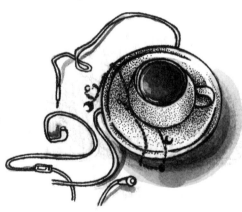

Escribe un diario

Tomar notas de una lectura del tarot sirve para potenciar su efecto. Para cada lectura, anota o bosqueja en un diario las cartas, la posición de cada una y las reacciones que suscitan en ti. Repasar esas lecturas anteriores te ayudará a ganar confianza en tu habilidad para las lecturas individuales.

CONSEJOS PARA UNA LECTURA A OTRO CONSULTANTE

✳ Escucha sin aconsejar

La clave para convertirse en un buen tarotista es saber escuchar. En una lectura, es importante recordar que tu papel no consiste en dar consejos: estás ahí para ayudar a otra persona a interpretar las cartas, para que así pueda adquirir una comprensión más plena de su situación. Podrás ayudarle a agudizar su percepción durante una lectura, pero lo que haga después es una decisión suya.

✺ Mantén la confidencialidad

Lo que se dice durante una lectura de tarot ¡se queda en esa sesión! La confianza es fundamental: si le cuentas a alguien lo que una persona ha compartido contigo durante una lectura, estarás traicionando su confianza.

☾ Ten buenas intenciones

En malas manos, el tarot puede utilizarse para importunar a un consultante o persuadirlo para que revele detalles privados de los que luego se arrepienta. Esto supone un abuso del poder de las cartas. Si alguien utiliza el tarot para hacerle daño a alguien y no para ayudarle, ¡huye!

☽ Cuídate

Hacer muchas lecturas implica escuchar los problemas de mucha gente. Esto puede dejarte exhausto. No pasa nada por decirle que no a un amigo que te pida una lectura si no te ves con fuerzas para llevarla a cabo. Reserva parte de tus fuerzas y tu sabiduría para ti mismo, para que así puedas proseguir tu viaje a través del tarot con la mente despejada y el corazón henchido.

INTERPRETAR LAS CARTAS

L a interpretación de las cartas del tarot depende de ti. ¡No hay una manera mejor que otra! Lo importante es lo que te hagan sentir las cartas y las preguntas y respuestas que te susciten. Aquí tienes una pequeña guía para empezar...

Cuando saques una carta, dedica un rato a reaccionar ante ella antes de buscar su significado. Examina tus reacciones ante los colores, los símbolos y las figuras. ¿Cómo te hace sentir esta carta? ¿A qué te recuerda? Si estás leyendo para otro consultante, formúlale estas preguntas y deja que las comente contigo y que reaccione a ellas tanto como quiera.

Cuando estés listo, consulta el significado de la carta en este libro y examina de nuevo tus sentimientos e interpretaciones. Puedes utilizar las palabras clave que hay junto a las cartas para hacerte una idea de la energía asociada a cada una. También es útil acudir a la sección de símbolos y significados (págs. 22-24) para aprender más sobre la imaginería.

Con cada carta, ten esto en cuenta:

🌙 ¿Qué clase de carta es? Los arcanos mayores suelen relacionarse con acontecimientos trascendentales en la vida, mientras que los arcanos menores hacen referencia a cuestiones del día a día.

✴ ¿De qué palo es? Las cartas de oros suelen sugerir problemas domésticos o monetarios, y las cartas de copas suelen referirse al amor y las relaciones personales.

☀ ¿El significado o la energía de la carta te recuerdan a una persona o situación de tu vida?

☾ ¿Crees que la carta representa algo que te gustaría encarnar o algo de lo que necesitas desprenderte?

◉ ¿Qué te invita a hacer o cuestionar esta carta? Por ejemplo, El Colgado podría instarte a ser paciente, mientras que el cinco de espadas puede ser un aliciente para replantearte tus actos.

Al final de una lectura, presta atención a tus sentimientos (o a los del consultante). A veces, es posible que saques cartas que no parezcan relacionadas con la pregunta o el problema que tienes entre manos... Pero ¡no pasa nada! Una carta desvinculada tal vez sugiera que el dilema que representa no está «activo» para ti en este momento. Y, si los sentimientos que te suscita una carta no concuerdan con el significado recogido en el libro, tampoco pasa nada. Esas descripciones están pensadas para inspirar y alentar, pero siempre puedes seguir tu propia intuición.

Recuerda: al margen de lo que te muestren las cartas, lo que ocurra después depende de ti.

LA TIRADA DIARIA

Una forma muy popular de usar el tarot consiste en sacar una única carta cada día, normalmente por la mañana, para insuflar la sabiduría del tarot en tu vida diaria. Este método de lectura también es una forma estupenda de familiarizarse a fondo con todas y cada una de las cartas.

Cómo realizar una tirada diaria:

1. Busca un entorno tranquilo y baraja el mazo. Cuando te sientas preparado, despliega las cartas frente a ti en forma de arco. Pregúntate: «¿Qué mensaje necesito escuchar hoy?».

2. Saca una carta. Luego, dale la vuelta. ¿Cómo te hace sentir esa imagen? Tu primera reacción formará parte de la propia lectura y del proceso de familiarizarse con el mazo.

3. Busca la carta en este libro. ¿Cómo te sientes ahora ante ella? ¿A qué te recuerda hoy?

4. Piensa en lo que te haya enseñado esa carta y tu reacción ante ella. Si quieres, puedes escribir algo al respecto en tu diario. Deja que tus pensamientos evoquen los significados y las imágenes a lo largo del día.

La tirada diaria te permitirá aprender más detalles sobre cada carta, de una forma profunda y constante. No te preocupes si te saltas algunos días o si no recuerdas los significados de una carta que ya sacaste antes. Persiste y, con el tiempo, ¡desarrollarás una gran cantidad de asociaciones a las que recurrir!

La clave es quererse.

LA TIRADA DE TRES CARTAS

Por sí sola, una carta del tarot te cuenta algo sobre un momento concreto, un estado de ánimo o una situación. Resulta práctico, pero tiene sus limitaciones. Cuando juntes varias cartas del tarot en una misma tirada, encontrarás una historia completa que arrojará luz sobre tu situación.

Una tirada de tres cartas es la opción ideal cuando tú o tu consultante os sintáis un poco atascados con algún problema cotidiano. Las cartas conseguirán renovar tu forma de pensar y revelarán una senda. Existen muchas maneras de realizar una lectura de tres cartas.

Antes de empezar, piensa en una pregunta o problema, después elige una estructura para tu lectura. Aquí tienes algunos ejemplos de estructuras:

Cuando estés preparado, baraja el mazo y saca las cartas, interpretándolas de una en una. ¿Cómo te hace sentir cada una de ellas? ¿Cómo se relaciona cada carta con la estructura de la tirada? Quizá la conexión no siempre resulte evidente, así que indaga a fondo. Pongamos que sacas una carta que simboliza el pasado: ¿te recuerda a algo o a alguien de los últimos meses? ¿Has encarnado alguna vez la energía de esa carta? O puede que ocurra lo contrario: ¿la carta apunta hacia algo que faltaba en tu pasado? Busca una interpretación con la que te sientas identificado.

Cuando las tres cartas estén boca arriba, ¿qué historia crees que cuentan? ¿Y qué vas a hacer tú ahora?

☾ EL PASADO (carta 1), EL PRESENTE (carta 2), EL FUTURO (carta 3)

✴ UN PROBLEMA (carta 1), LA CAUSA (carta 2), LA SOLUCIÓN (carta 3)

☀ TÚ (carta 1), OTRA PERSONA (carta 2), QUÉ PUEDE PASAR (carta 3)

☾ META (carta 1), OBSTÁCULO (carta 2), ACCIÓN (carta 3)

LA TIRADA DE LA CRUZ CELTA

Esta tirada de diez cartas es perfecta cuando quieres emprender una lectura del tarot en profundidad, ya sea para ti mismo o para los demás. Utilízala para indagar a fondo en un dilema más específico. Por ejemplo: «¿Qué debería hacer con respecto a [una situación concreta]?».

Leyenda:

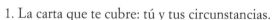

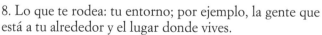
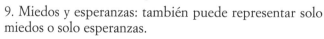

1. La carta que te cubre: tú y tus circunstancias.

2. La carta que se cruza: un obstáculo que entorpece tu camino.

3. Un pensamiento consciente: algo que tienes en mente; un factor conocido.

4. El pasado: una circunstancia que te ha traído hasta aquí.

5. La raíz: los cimientos inexplorados de tu dilema.

6. El futuro: circunstancias nuevas que emergerán.

7. Tú y tu papel: tu estado de ánimo actual.

8. Lo que te rodea: tu entorno; por ejemplo, la gente que está a tu alrededor y el lugar donde vives.

9. Miedos y esperanzas: también puede representar solo miedos o solo esperanzas.

10. Resultado: adónde podría conducirte esta situación.

Baraja las cartas mientras reflexionas sobre
tu dilema. Si estás leyendo las cartas para
otra persona, anima al consultante a que baraje
el mazo y a que comente el dilema contigo.

Toma las cartas y despliégalas boca
abajo, después extrae (o pídele al
consultante que lo haga) diez cartas.
Una vez hecho esto, distribúyelas
siguiendo el esquema de la página
anterior.

Cuando estés listo para empezar,
gira la carta situada en la posición
número uno. Si la lectura es para otra
persona, explícale la carta al consultante. Pregúntale qué piensa al respecto y escucha su respuesta. Si la
lectura es para ti, examina tus sensaciones y pensamientos relativos a
cada carta.

Al igual que en la tirada de tres cartas,
sopesa cada una en relación con su
ubicación. Examina tu primera reacción, busca el significado de la carta y
reflexiona sobre la posición que ocu-
pa dentro de la tirada. Después, haz
una interpretación para determinar
qué relación tiene con tu situación.

Repite el proceso hasta que las diez
cartas resulten visibles. Reflexiona
sobre la historia que cuentan las cartas. ¿Cómo os sentís el consultante o
tú al respecto? Una tirada de la cruz
celta completa puede llegar a durar
una hora.

MÁS ALLÁ DEL LIBRO

Te has embarcado en un viaje de descubrimiento y búsqueda de la verdad. Y, aunque este libro termina aquí, el viaje continúa. Ahora estás equipado con un conocimiento que te resultará útil mientras exploras el tarot en solitario o en compañía de otras personas. Júntate con gente que comparta tu curiosidad y aprended los unos de los otros mientras adquirís práctica en el arte de leer estas valiosas cartas.

Todo lo que has aprendido sobre el tarot podrá reportarte claridad, perspicacia y sabiduría a lo largo de tu vida. Mientras experimentas lo que esa vida te ofrece —desde el amor hasta la pérdida, pasando por todo lo que hay entre medias—, recuerda que las cartas siempre estarán ahí, preparadas para cuando las necesites.